Inhalt

Europa unter Asche - die volkswirtschaftlichen Folgeschäden des Flugverbots sind immens

Kernthesen

Beitrag

Fallbeispiele

Weiterführende Literatur

Impressum

GENIOS WirtschaftsWissen Nr. 04/2010 vom 22.04.2010

Europa unter Asche - die volkswirtschaftlichen Folgeschäden des Flugverbots sind immens

R.Reuter

Kernthesen

- Das Flugverbot infolge der isländischen Aschewolke hat nicht nur die Airlines viel Geld gekostet. Betroffen war jedes Unternehmen, das per Flugzeug versendet oder wichtige Teile erhält.
- BMW, Daimler, Bosch und viele andere

Unternehmen mussten Bänder abstellen oder konnten nur eingeschränkt produzieren.
- Klar wird jetzt, dass das Verbot so rigoros wohl nicht hätte ausgesprochen werden müssen. Das europäische Krisenmanagement steht in der Kritik.

Beitrag

Schmerzhaft erlebte Abhängigkeit vom Flugverkehr

Der infolge der isländischen Staubwolke unterbrochene Flugverkehr normalisiert sich wieder. Zurück bleibt die Erkenntnis, dass die Weltwirtschaft viel abhängiger vom Frachtflugverkehr ist, als es die transportierten Mengen vermuten lassen. Diese liegen bei nur zwei Prozent der Gesamttonnage. Der Wert der per Luftfracht transportierten Waren macht allerdings 40 Prozent aus, womit deutlich wird, dass im Flugzeug beförderte Güter besonders hochpreisig, wertvoll und wichtig sind.

Anfangs schien das Flugverbot ausschließlich eine Unannehmlichkeit für Touristen und

Geschäftsreisende zu sein. Wie weit die Folgen des Flugverbots tatsächlich reichen, wurde erst kurz vor dem Ende der Krise deutlich. Über 100 000 Flüge wurden gestrichen, der volkswirtschaftliche Gesamtschaden beträgt geschätzte 1,3 Milliarden Euro. Der internationale Luftfahrtverband IATA meldete, dass das europäische Flugverbot zeitweilig fast ein Drittel der weltweiten Flüge lahm gelegt habe. Eine Zeit lang musste befürchtet werden, dass die von der Finanzkrise ohnehin gebeutelte Konjunktur einen weiteren empfindlichen Rückschlag erleiden könnte. Nach Berechnungen des Deutschen Industrie- und Handelskammertages (DIHK) entgingen deutschen Unternehmen durch das Flugverbot täglich rund eine Milliarde Euro an Geschäftsvolumen alleine im Außenhandel. (1), (2)

Kritik am Krisenmanagement

Neben der starken Abhängigkeit vom Flugverkehr hat die isländische Wolke große Defizite des europäischen Krisenmanagements offen gelegt. So sind während der Krise keine Messflüge zustande gekommen, weil die europäischen Verkehrsminister nicht miteinander kooperierten. Erst fünf Tage nach dem Beginn der Krise kam es zu einer Telefonkonferenz. Koordinierte Messungen über Europas Flughimmel hätten es erlaubt, nur solche

Flugrouten zu streichen, deren Nutzung tatsächlich nicht verantwortbar gewesen wäre. Stattdessen wurden die Routen komplett gesperrt, was schon während der Krise dazu führte, dass die Verhältnismäßigkeit der Maßnahme in Frage gestellt wurde. Die EU-Kommission wies darauf hin, dass eine bessere Koordinierung der Flugsicherheit möglich gewesen wäre, wenn die europäischen Staaten die seit Dezember 2009 geltenden Regeln angewendet hätten. Die bereits 1960 gegründete europäische Organisation für Luftfahrtsicherheit, Eurocontrol, erwies sich in der Krise als machtlos, da sie gegenüber den Mitgliedsstaaten keinerlei Befugnisse hat. (1), (2)

Stillstand an den Bändern

Der volkswirtschaftliche Schaden des Flugverbots ist immens. So standen beim Automobilhersteller BMW mehrere Tage die Bänder still. Betroffen waren gleich drei Werke, München, Dingolfing und Regensburg. Der Grund waren fehlende Elektronikbauteile, die per Luftfracht angeliefert werden sollten. Rund 7 000 Fahrzeuge konnten nicht fertiggestellt werden, was aber in den nächsten Tagen in Sonderschichten nachgeholt werden soll. Kurz vor dem totalen Produktionsausfall stand auch das BWW-Werk im US-amerikanischen Spartanburg. Die Tochterfirma ist

auf kurzfristige Teilelieferungen aus Deutschland angewiesen, die sie für die Produktion unbedingt benötigt, da es keine Lagerhaltung gibt. Auch Opel, Daimler und der Automobilzulieferer Bosch konnten nicht wie geplant produzieren.
Der Münchner Chip-Hersteller Infineon rechnete ebenfalls mit Lieferengpässen und bereitete ein Konzept vor, das ohne Flugzeuglieferungen auskommen sollte. Der Reiseveranstalter TUI teilte mit, durch das Flugverbot täglich bis zu 6,8 Millionen Euro zu verlieren. Die Sparte Medizintechnik von Siemens wich zur Lieferung dringend benötigter Ersatzteile auf die Straße aus, was die Auslieferung allerdings erheblich verzögerte. [(1)](), (2)

Airlines in Turbulenzen

Besonders heftig waren naturgemäß die Fluglinien selbst betroffen. Branchenexperten rechneten vor, dass allein den deutschen Fluggesellschaften und Tourismusunternehmen täglich ein Schaden von etwa 250 Millionen Euro entstand. Eine Studie der Schweizer Großbank UBS ergab, dass die täglichen Umsatzverluste der sechs großen europäischen Fluggesellschaften Easyjet, Ryanair, British Airways Iberia, Air France-KLM und Lufthansa bis zu 140 Millionen Euro betrugen. Besonders hart traf es kleinere Fluggesellschaften, die infolge der

Finanzkrise ohnehin zu kämpfen haben. Die Europäische Kommission stellte fest, dass die isländische Aschewolke den Fluggesellschaften einen Schaden verursachte, der noch höher ausfalle als die Einbußen nach dem 11. September 2001. Die Situation schien so prekär, dass der Bundesverband der Deutschen Industrie (BDI) die Einrichtung einer Task Force vorschlug, um die wirtschaftlichen Folgeschäden der Flugverbote zu minimieren. Der deutsche Wirtschaftsminister Rainer Brüderle schloss staatliche Hilfen für die Fluggesellschaften etwa durch die Förderbank KfW darum nicht mehr aus. Die EU-Kommission ließ durchblicken, staatliche Finanzspritzen zu erleichtern. Ob es zu solchen Hilfen jetzt noch kommt, da die Krise zu Ende zu sein scheint, ist freilich fraglich. (1), (3), (4)

Drohende Forderungen der Fluggäste

Die Folgen des Flugverbots für Privatpersonen erscheinen demgegenüber als vernachlässigbar, können aber beträchtliche Entschädigungsforderungen nach sich ziehen. Geschätzte 230 000 Reisende wurden an Flughäfen aufgehalten, kampierten in freigeräumten Hallen oder standen vor überfüllten Zügen. Laut Verbraucherschützern kann jeder Fluggast, der nicht auf ein anderes Verkehrsmittel umsteigen konnte, von der Airline sein Geld zurückverlangen. Anspruch auf eine Entschädigung haben die Gäste bei höherer Gewalt allerdings nicht. Hohe Kosten hat die Staubwolke auch den Flughäfen beschert. Der Frankfurter Flughafenbetreiber Fraport gibt an, dass die Krise einen Verlust von 15 Millionen Euro verursacht habe. 1,4 Millionen Euro täglich hat die Flughafen Zürich AG verloren. Das Unternehmen will darum einen Antrag auf Staatshilfe stellen. (1)

Krisengewinnler frohlocken

Wie bei jeder Krise gab es auch diesmal Profiteure. So legte die Aktie des Autovermieters Sixt an nur einem Tag um mehr als fünf Prozent zu. Sixt hatte die Lage schnell erkannt und seine Flotte um 2 000 Fahrzeuge erweitert, um die sprunghaft gestiegene Nachfrage zu befriedigen. Experten sind sich überdies einig darüber, dass die Bahn, wäre sie an der Börse notiert, ebenfalls einen gewaltigen Kurssprung hingelegt hätte.
Satte Gewinne hat das Flugverbot auch den Busunternehmen verschafft. Die deutsche Touring, der nach eigenen Angaben größte deutsche Anbieter im internationalen Linienbusverkehr, hat derzeit zehnmal mehr Busse in Betrieb als zu normalen Zeiten. Diese Fahrzeuge wurden anderen Busunternehmen auf die Schnelle abgekauft. (1)

Trends

Versicherungswesen unter Druck

Megarisiken wie die Folgewirkungen eines Vulkanausbruchs können prinzipiell kaum versichert werden. Die Unternehmen, die jetzt Produktionsausfälle beklagen, werden daher auf ihren Kosten sitzen bleiben. Die Versicherungsbranche erleidet hierdurch einen Imageverlust, da es ja gerade ihr Job wäre, Risiken abzufedern. Großversicherer tüfteln schon seit Jahren an Modellen, mit denen auch ein GAU versichert werden könnte. Schwierig ist die Aufgabe, weil die Kosten eines solchen Szenarios nicht überblickt und geschätzt werden können, anders als etwa bei Stürmen und Hochwassern. (5)

Fallbeispiele

Airline-Aktien im Keller

Die Fluggesellschaften leiden nicht nur unter den gestrichenen Flügen, sondern werden überdies von den Aktienmärkten abgestraft. So sank das

Wertpapier der Lufthansa an nur einem Tag um fünf Prozent. Air-Berlin-Aktien gingen zeitweilig um mehr als acht Prozent nach unten. Deutliche Kursverluste mussten auch Air France-KLM, Ryanair und British Airways hinnehmen. (6)

Weiterführende Literatur

(1) Fliegen wäre schöner
aus Süddeutsche Zeitung, 20.04.2010, Ausgabe Bayern, München, Deutschland, S. 2

(2) Für viele Airlines in Europa wird es eng Deutsche Konzerne bitten um Staatshilfen - EU will Unterstützung erlauben - Luftfahrt- und Tourismusaktien sinken
aus DIE WELT, 20.04.2010, Nr. 91, S. 9

(3) Hie und da wieder Flugzeuge am Himmel
aus Frankfurter Allgemeine Zeitung, 20.04.2010, Nr. 91, S. 1

(4) Wolke drückt auf die Wirtschaft VULKAN Deutschen Firmen entgeht nach eigener Schätzung täglich 1 Milliarde Euro Umsatz. Task Force soll die Schäden begrenzen. Minister stellt Staatshilfen in Aussicht
aus taz, 20.04.2010, S. 08

(5) Auf den Blitz folgt Donner Der Ausbruch des

Vulkans Eyjafjallajökull stürzt Europa ins Chaos: Der Flugverkehr liegt lahm, der Wirtschaft drohen Milliardenschäden. Nur die Versicherer sind davon kaum betroffen. Und das könnte für sie zum Problem werden
aus Financial Times Deutschland vom 19.04.2010, Seite 25

(6) Eine halbe Milliarde Euro Börsenwert löst sich in Luft auf
aus Handelsblatt Nr. 075 vom 20.04.2010 Seite 22

Impressum

Europa unter Asche - die volkswirtschaftlichen Folgeschäden des Flugverbots sind immens

Bibliografische Information der deutschen Nationalbibliothek

Die Deutsche Nationalbibliothek verzeichnet diese Publikation in der deutschen Nationalbibliografie; detaillierte bibliografische Daten sind im Internet über http://dnb.d-nb.de abrufbar.

ISBN: 978-3-7379-1664-6

© 2015 GBI-Genios Deutsche Wirtschaftsdatenbank GmbH, Freischützstraße 96, 81927 München, www.genios.de

Alle Rechte vorbehalten. Dieses Werk ist einschließlich aller seiner Teile – z.B. Texte, Tabellen und Grafiken - urheberrechtlich geschützt. Jede Verwertung außerhalb der Grenzen des Urheberrechtsgesetzes bedarf der vorherigen Zustimmung des Verlags. Dies gilt insbesondere auch für auszugsweise Nachdrucke, fotomechanische Vervielfältigungen (Fotokopie/Mikroskopie), Übersetzungen, Auswertungen durch Datenbanken oder ähnliche Einrichtungen und die Einspeicherung und Verarbeitung in elektronischen Systemen.